LE RENARD
ET L'ENFANT

LE RENARD ET L'ENFANT

D'après le film de Luc Jacquet
Texte de Florence Reynaud

BONNE PIOCHE présente

LE RENARD ET L'ENFANT

Un film de Luc Jacquet

Interprété par Bertille Noël-Bruneau
Raconté par Isabelle Carré

Produit par Yves Darondeau - Christophe Lioud - Emmanuel Priou

Histoire originale : Luc Jacquet

Scénario et adaptation : Luc Jacquet - Eric Rognard
Photographies : Eric Caro - Pascal Chantier

Une production
Bonne Pioche Productions - France 3 Cinéma

Avec la participation de Canal +
En association avec Wild Bunch
Avec le soutien du Conseil Général de l'Ain

Distribution France : The Walt Disney Studios Motion Pictures France
Distribution internationale : Wild Bunch

Bande originale du film disponible chez V2 Music
Auteurs de la comptine : Alice Lewis − Valérie Vivancos − Luc Jacquet

1

Je vivais dans ce pays depuis ma naissance, sur une pente de montagne cernée par une immense forêt. C'était un univers mystérieux, où je n'avais jamais pu m'aventurer seule. Parfois on m'emmenait poser des ruches ou chercher des champignons. J'apercevais un merle, la fuite d'un lapin, rien d'autre. Mais ce jour-là, tout fut différent.

C'était un matin dans ma vie de petite fille de neuf ans. J'étais seule, en route pour l'école. Je poussais mon vélo. Le chemin montait dur à cet endroit.

Je guettais du coin de l'œil un vieil arbre que

je connaissais bien : un gros hêtre au tronc tortueux.

Soudain j'ai vu une forme rousse, vive, gracieuse. Elle courait, bondissait. Vite, j'ai posé mon vélo et j'ai marché sans bruit, déjà ravie à l'idée d'observer une bête des bois. C'était un renard. Il chassait un mulot. Il ne pensait qu'à croquer sa proie, le nez à fleur de terre, la queue en panache. Il ne m'a pas entendue approcher.

Je me souviens de l'émotion joyeuse qui m'a envahie et aussi du ciel lumineux, de l'herbe encore très verte, semée de feuilles mortes aux couleurs chatoyantes. Le renard avait un peu leur couleur. J'étais tout près de lui. Il a levé la tête, en lâchant le mulot enfin capturé. Ensuite il m'a regardée.

Je n'osais plus bouger, lui non plus. Nous étions fascinés l'un par l'autre. J'avais la certitude de vivre un instant unique et je le dévorais des yeux pour ne rien oublier : son museau fin, les babines blanches maculées de terre, ses oreilles pointues, sa magnifique fourrure que le vent caressait.

Il semblait prêt à bondir, mais figé en plein élan. Sans doute, j'en étais responsable : il avait peur. Son regard doré me posait tant de questions.

Alors je lui ai souri. Tout son corps a frémi, de surprise ou de crainte... Il a bougé une patte. Mon cœur cognait dans ma poitrine. Je devais lui prouver que je n'avais aucune mauvaise intention. J'ai tendu la main, le souffle suspendu. J'avais envie de le toucher.

Le renard a couché les oreilles en arrière, puis il a penché la tête de côté. Un langage muet que je traduirais par : « Que me veut cette chose étrange ? »

Je me suis dit qu'il n'avait pas tellement peur, sinon il serait déjà parti... Pleine d'espoir, je l'ai appelé tout doucement :

— Reeeeeennaaaaaard !

Il s'est enfui à une vitesse folle ! Une flèche rousse ! En un instant, il avait disparu entre les arbres. J'avais brisé l'enchantement... J'aurais voulu le suivre, me glisser au cœur de la forêt avec lui : ce monde vert plein de secrets qu'il connaissait tellement mieux que moi.

Mais je suis restée au pied du gros hêtre, bouleversée. J'ai murmuré comme s'il était encore là :

— Je voulais juste être ton amie, je ne t'aurais pas fait de mal.

Cela s'est passé ainsi, la première fois où je l'ai rencontré.

Quelque chose venait de changer. J'avais franchi sans le vouloir la porte d'un monde interdit et je me tenais sur le seuil de ce monde, où les renards regardent les enfants d'un air surpris. Je ne pouvais pas reculer, je rêvais d'une autre rencontre ; alors j'ai chuchoté au vent, au ciel, à l'herbe verte :

— Je reviendrai demain, à la même heure ! Et je t'apprivoiserai, renard.

Je n'étais qu'une petite fille, je croyais qu'il suffirait d'un peu de patience. S'il avait chassé une fois sous le hêtre, il chasserait là demain, ou après-demain. Le vieil arbre majestueux nous servirait de lieu de rendez-vous.

*

Maintenant la forêt m'attirait irrésistiblement. Je l'avais toujours vue autour de moi, le long du chemin de l'école, mais elle me paraissait différente. J'imaginais sous le couvert des sapins la danse folle des bêtes sauvages, ours et loups, cerfs et sangliers. Et le renard. Je me figurais qu'il m'attendait pour me guider dans son univers, celui de la terre humide, des fleurs au ras du museau, des pistes secrètes entre les ronciers.

Alors je suis repartie, j'ai marché vers lui, j'ai pris le temps de le chercher comme s'il était caché sous chaque feuille, derrière le moindre arbrisseau. Alentour s'étendait le paysage immense, avec le dessin familier des montagnes, le bruissement du vent à la cime des arbres. Je n'avais peur de rien. Le monde interdit m'enveloppait, me baignait tour à tour de lumière et d'ombre fraîche. J'espérais retrouver mon renard, au pied des gros rochers échoués là depuis des siècles, sous les souches mortes aux formes fantasques, entre les troncs droits et bruns des grands sapins au parfum balsamique... Je marchais. Mes pas martelaient le sol avec une énergie impatiente.

Je m'annonçais en fanfare à tous les animaux dont je ne soupçonnais pas la présence. Pourtant... peut-être bien que des biches se régalaient d'herbe derrière le rideau des arbres, peut-être bien que des sangliers trottaient tout près de là.

J'ai dérangé une hermine : consciente de sa petite taille, elle a plongé dans un trou de sa connaissance, puis elle est ressortie, curieuse, en scrutant les environs. Le bruit persistait, le pas lourd des humains qui signifie menace, danger. La demoiselle un rien farouche s'est éclipsée.

Tous les animaux s'étaient enfuis doucement, dans le plus parfait silence. J'étais l'intrus.

Dans une clairière, je me suis assise sur une pierre en forme de bénitier. Assoiffée, j'ai sorti une gourde de ma besace. En me désaltérant, je regardais autour de moi. Rien ne bougeait, pourtant j'ai eu l'étrange impression d'être observée par d'innombrables yeux dissimulés dans le paysage.

Et mon renard ? Sans doute, il rôdait par là. Il avait perçu l'écho d'un caillou qui roulait sur la pente. Les oreilles dressées, il était attentif aux craquements de la moindre brindille.

J'ignorais tant de choses du monde sauvage. Comment reconnaître les mille et un petits signes que laissent ses créatures dans la nature... Je n'avais plus qu'à reprendre mon chemin.

J'espérais si fort revoir le renard, mon renard... Est-ce qu'il se souvenait de moi ? J'étais triste, déçue. Le vent soulevait mes cheveux, le soleil exaltait les parfums de la terre, de la forêt.

J'ai cru que le renard se cachait plus loin, plus haut. J'ai suivi un sentier étroit qui grimpait à flanc de montagne. J'étais fatiguée – très fatiguée – mais je refusais d'abandonner.

Je suis arrivée ainsi en haut du grand crêt qui domine le pays. De là, j'ai vu d'autres montagnes, couvertes d'un foisonnement de bois sombres. J'avais chaud, je n'en pouvais plus. Tous ces efforts pour rien...

J'ai appelé de toutes mes forces :

— Rennaarrrd ! RENARD !

Je me sentais minuscule au sein d'un paysage infini, qui m'encerclait sans rien dévoiler de ses mystères. J'ai tourné sur moi-même, les yeux écarquillés sur les arbres, les nuages, le ciel, les montagnes, encore... encore. J'ai eu ce jour-là un incroyable sentiment de vertige et d'impuissance. Comment retrouver un renard dans cet océan de nature qui l'avait englouti ?

Le monde interdit ne se livrait pas si facilement.

*

Je pris l'habitude de me promener près du grand hêtre de la rencontre, mais mon renard ne se montrait pas. On a fini par s'étonner. J'ai parlé de lui, pour la première fois.

— Il m'a regardée, il était si près de moi. Il n'avait pas vraiment peur, j'en suis sûre. Je voudrais juste le revoir.

On m'a dit d'être patiente, d'apprendre à déchiffrer les signes, car l'hiver approchait, et les animaux laisseraient leurs empreintes dans la neige, comme s'ils écrivaient sur une vaste page blanche...

Alors, tous les soirs, le nez au carreau, j'espérais la neige. Je chantais une comptine que mon grand-père venait de m'apprendre. Selon lui, tous ces mots m'aideraient à mieux connaître les animaux de la forêt. Je ne devais rien oublier, alors je la chantais tout bas, comme si je répétais une formule magique.

Patte à patte et pas à pas
Qui donc est passé par là ?
Patte à patte et pas à pas
Mon p'tit doigt me le dira

Dans la neige et dans le froid
Le renard file tout droit
Grosses paluches, griffes au bout
Cachons nous car c'est le loup

Patte à patte et pas à pas
Qui est donc passé par là ?
Patte à patte et pas à pas
Mon p'tit doigt me le dira

Trois brindilles pour l'oiseau
C'est la trace du corbeau
Le sanglier sans chaussettes
A creusé quatre fossettes

Patte à patte et pas à pas
Qui est donc passé par là ?
Patte à patte et pas à pas
Mon p'tit doigt me le dira

Patatras sur le chemin
Le lapin saute à pieds joints
Le hérisson qui pic pique
Croise les mains, c'est un tic

Patte à patte et pas à pas
Qui est donc passé par là ?
Patte à patte et pas à pas
Mon p'tit doigt me le dira

Une piste courbe et fine
C'est la valse de l'hermine
Deux semelles deux talons
Là, c'est toi qui tournes en rond !

2

La neige vint enfin, en longs ruissellements. Elle recouvrit les montagnes, les chemins, tapissa le fond des combes. Emmitouflée, je suis partie vers la clairière de la rencontre.

Je récitais en silence ma comptine. Puis je la chantais à mi-voix en marchant vers le vieux hêtre. Le monde interdit s'était paré de blanc, de glace en fines colonnes, aux branches des arbres. Il neigeait chaque hiver, mais je n'avais jamais ressenti une telle émotion... La beauté du paysage me grisait. Et autour de moi, qui avançait toute seule dans cet univers de froidure, il y avait des traces, une multitude de traces. Tous les animaux dont je fredonnais le nom étaient passés par là. Mais mon renard ?

À voix haute, j'ai récité : « Patte à patte et pas à pas, le renard file tout droit ! »

Soudain j'ai reconnu les empreintes du renard, droites en file vers la forêt. Je les ai suivies en courant, tellement heureuse à l'idée de le croiser ou de l'apercevoir.

Mais la vie dans les bois ne ressemble pas à un jeu. Les bêtes se poursuivent, proie et gibier, gibier et proie. En plus, les bêtes sauvages ont peur de nous, peur aussi du plus gros, du plus fort. Mon renard – si c'était bien lui – avait fait des tours et des détours. Qui le pourchassait ?

À bout de souffle, les jambes lourdes à force d'avancer dans la neige, je suis revenue à mon point de départ. La piste que j'avais laissée était bien nette, mais en sens inverse. J'étais en sueur. Le temps d'essuyer mon front, j'ai vu d'autres traces.

— Oh ! « Griffes au bout, cachons-nous car c'est le loup ! »

Le grand silence de l'hiver a pesé sur mon cœur. La nuit approchait. Je me suis sentie fragile, trop petite pour l'immensité gelée. Un paquet de neige s'est détaché d'une branche. Le bruit m'a fait sursauter. Ensuite il y a eu d'autres bruits légers, comme des pas autour de moi. Les loups sont habiles à se cacher dans l'ombre. Encore des bruits, des piétinements. Une noire cohorte de sapins m'entourait et sans aucun doute les dents longues des loups.

Je me suis enfuie en courant, j'ai dévalé la pente, j'ai sauté de rocher en rocher, terrifiée. Je croyais entendre des galopades sur mes talons : j'allais de plus en plus vite. Des cailloux ont roulé sous mon pied droit, j'ai glissé... et je suis tombée. Quelle chute ! J'avais très mal à la jambe et j'ai dû me traîner sous un sapin. Je ne pouvais plus tenir debout.

On m'a retrouvée recroquevillée au pied de l'arbre. J'avais eu le temps d'imaginer cent fois l'attaque des loups ou d'un ours, la charge des sangliers. Je grelottais et je claquais des dents, de froid et de frayeur. Je n'ai pas pu parler avant d'arriver à la maison. Personne ne m'a grondée, parce que j'avais la jambe cassée. J'étais bien assez punie.

J'allais devoir passer de longues semaines au lit. Je contemplais ma chambre, les étagères où j'avais disposé des petits bouts du monde interdit : des galets marbrés, des plumes, des morceaux de bois à la forme bizarre. Par la fenêtre ronde comme un hublot de bateau, le ciel changeait de couleur, rose, gris, puis d'un bleu profond. Le feu crépitait dans le poêle. Les flammes rousses derrière la lucarne ressemblaient à mon renard.

Je pensais à lui si souvent. Survivrait-il aux tempêtes de neige, à la faim, aux chasseurs ?... Pour les bêtes de la forêt, c'était la saison la plus pénible. Ils devaient lutter contre le froid, se nourrir.

Bientôt j'ai pu m'installer près de la fenêtre, dans un fauteuil. De là, je voyais le dessin des montagnes et la grande forêt. Je m'ennuyais. On m'offrit un livre sur les renards. J'appris beaucoup de choses sur eux. Il existait plusieurs espèces : le renard polaire, le renard argenté de Russie, le renard véloce, et même un étrange otocyon, appelé aussi renard à oreilles de chauve-souris, et le mien, le renard roux. Je découvris qu'il n'était guère apprécié des fermiers, et cela depuis des siècles. Renard rusé, renard voleur de poules. L'homme le pourchassait, le piégeait ; c'était un nuisible. Cela me révoltait, car je me souvenais du regard plein de questions de mon renard, de sa fuite. Je comprenais mieux maintenant, il me prenait pour un de ses ennemis. Pourtant j'étais de son côté.

Je lui trouvais tant d'excuses. S'il s'approchait

des habitations en hiver, c'était poussé par la famine. Les campagnols se terraient au fond de leurs galeries, les lièvres couraient plus vite que lui. Il était bien obligé de dérober une poule de temps en temps, au risque de se faire tuer.

— Les loups préfèrent attraper un mouton qu'un chevreuil, parce que c'est plus facile..., me disais-je.

Mais les loups n'étaient pas plus appréciés que les renards dans le monde des hommes.

*

Je dessinais sur mon plâtre ; je traçais des croix, une chaque matin. C'était mon calendrier. Les croix rejoindraient dans quelques semaines la silhouette d'un renard que j'avais esquissée de mon mieux.

Pendant ce temps, la vie continuait dans la forêt. La rude vie de l'hiver.

Une bête maigre, la faim au ventre, car ses empreintes ne pesaient pas trop sur la neige, traquait un renard : un lynx...

Le lynx se glisse sans bruit entre les troncs des sapins. Il a faim – les bêtes sauvages ont si souvent faim l'hiver – et il sent une odeur alléchante.

Énorme chat aux yeux jaunes, à la magnifique fourrure d'un beige tacheté, il déambule en guettant le moindre indice. Il lui faut une proie avant le coucher du soleil.

Le renard a faim lui aussi. Il gratte la neige dans l'espoir de débusquer un campagnol. Ces petits mammifères ont la vie belle au fond de la terre, protégés du froid et gourmands de racines, de graines oubliées.

Un peu plus loin, des chevreuils se régalent de petits bourgeons, d'écorce tendre. Tout paraît paisible, jusqu'au moment où un corbeau s'envole d'une branche. Le renard, à cause de son poil roux, se détache comme une tache de feu sur tout ce blanc... Il se sait vulnérable. Un bruit menu vient de résonner dans ses oreilles : une des pattes du lynx a brisé une fine croûte de glace. Le renard se méfie, il hume le vent, scrute les environs. Rien. Rassuré, il se remet à gratter.

Pourtant le lynx rampe vers lui. D'un coup il bondit, lance sa large patte griffue. L'attaque manque de précision, le renard l'évite. Il détale, file droit vers le couvert des arbres. Le danger est derrière lui.

Mais le lynx n'abandonne pas. Il court, saute, ses prunelles vertes rivées sur sa proie en fuite.

La poursuite dans la neige épaisse les épuise tous les deux. Ils ont la même volonté tenace de survivre. Ils reprennent leur souffle un court instant, presque face à face. Le lynx bondit à nouveau. Le renard tente de le semer, il multiplie les feintes, les zigzags, se faufile dans un buisson... *In extremis*, il disparaît dans un trou au pied d'un rocher. Rusé, fidèle à sa légende, le renard a pu se réfugier au fond d'un terrier, où les longues griffes du félin en colère ne l'atteindront pas.

Le renard s'est couché, roulé en boule. Il jette des regards inquiets vers l'ouverture de son abri. Le lynx attend. Ce sera le plus patient qui gagnera. Le renard dort, se réveille, dort encore. La nuit passe, puis le jour, une autre nuit. Le lynx est reparti, mais le renard n'ose pas sortir. Il veut survivre. C'est la loi de la forêt, inscrite en lui depuis des générations de bêtes sauvages.

Un drame s'était joué dans la montagne, dont je n'avais rien vu.

*

Un soir, je me suis levée sur ma jambe valide en m'aidant de mes béquilles. J'ai ouvert la fenêtre. Une pénombre bleutée voilait le paysage enneigé que je contemplais du matin au soir : le jardin, les prés, la sombre lisière des bois. Prête à tirer sur les volets pour les fermer, j'ai écouté... Très loin, sur le grand crêt, s'élevaient des cris étranges. Cela ressemblait à des plaintes, à des appels.

Chez les renards, la saison des amours offre aux nuits glacées des cris farouches, des glapissements sonores dont l'écho se répercute de vallon en vallon.

J'ai ri de joie et j'ai poussé à mon tour des youyous aigus. Je devenais semblable à mon renard. J'avais la certitude que nous étions liés par les minutes magiques de la rencontre, près du vieux hêtre.

Mais j'ai dû refermer la fenêtre, les bras et le nez gelés. Il me restait à imaginer le peuple des renards, trottinant de combe en combe, errant sous les sapins. Les images de mon livre devenaient vivantes. Deux renards jouaient au clair de lune, ils se poursuivaient, se roulaient dans la neige. Ils se livraient à une danse farouche et espiègle à la fois, une cérémonie sauvage.

Les petites filles n'ont pas le pouvoir de se fondre parmi les créatures des bois, de courir aussi vite, de se réfugier sous une souche, afin d'assister à la vie secrète de la forêt. Mais mon renard m'avait ouvert la porte du monde interdit. Je n'avais qu'une hâte, qu'une envie, repartir.

Pour prendre patience, j'ai préparé ma besace, en étalant d'abord mon matériel sur le lit : une lampe de poche, des allumettes, de la ficelle, des jumelles, un canif. Il ne manquait rien. J'ai refait l'inventaire plusieurs fois de suite. Je rêvais de la forêt, du printemps, de pouvoir marcher, courir. Il m'arrivait de parler à mon renard, une fois couchée :

— J'espère que tu es vivant, que tu ne te laisseras pas croquer par les loups ou par un lynx ! Je viendrai bientôt... Attends-moi.

Il s'écoula encore de longues semaines.

J'étais délivrée du plâtre, je faisais des exercices tous les jours, mais ma jambe ne m'obéissait pas bien. Pour me donner du courage, je fixais avec détermination mes chaussures de marche, posées au milieu de ma chambre.

Dehors, la neige fondait, l'air devenait plus doux. Le printemps s'annonçait. Chez les renards, ce serait bientôt l'époque des naissances.

3

Un matin, alors que je m'appliquais à poser mon pied malade, en m'aidant de deux bâtons, une détonation a retenti dans la montagne, répercutée par l'écho. Un coup de feu. Je suis restée immobile, en retenant ma respiration.

— Ce n'est pas mon renard qu'ils ont tué ! Je ne veux pas que ce soit lui...

J'étais si triste. Des larmes coulaient sur mes joues, je les sentais à peine. J'aurais voulu courir vers la clairière et dans toute la forêt, pour savoir ce qui s'était passé.

— Ce n'est pas mon renard... Je le reverrai, bien vivant.

J'ai serré les dents, j'ai lâché le bâton et j'ai fait un pas, puis deux. La douleur me faisait pleurer autant que le coup de feu, je boitais un peu, mais j'arrivais à marcher. Je devais guérir.

Dans la forêt, malgré les fleurs renaissantes, le redoux, le soleil, les braconniers rôdaient. Je savais par mon père qu'ils employaient tous les moyens pour se débarrasser des renards. Cela m'inquiétait. Je ne comprenais pas les hommes. Ils usaient de stratagèmes honteux à mon avis. Certains disposaient un morceau de viande empoisonné. Affamés par l'hiver, les renards mangeaient la nourriture inespérée. Je ne voulais pas penser à leurs souffrances, à leurs corps si gracieux soudain figés par la mort.

Pourtant...

Un braconnier avait raconté à un autre ses tristes exploits, sur la place du village. Mon père avait entendu. L'homme disait avoir repéré un couple de renards, dont le mâle avait une oreille cassée. Il racontait comment l'animal avait avalé l'appât et s'était effondré, foudroyé par le poison. Ensuite, il avait visé la femelle, avec son fusil, car elle était revenue sur ses pas, pour sentir le corps de son compagnon. Il ne savait pas s'il l'avait touchée... Elle avait filé, terrifiée.

C'était peut-être mon renard, celui de la rencontre. J'étais tellement inquiète. Mon grand-père m'a consolée en me donnant des adresses de terriers, ceux des Lauzières, ceux de la forêt des hêtres têtards. Il m'a expliqué comment étudier l'entrée : je devrais chercher des touffes de poils roux, des marques de griffes dans la terre, apprendre à reconnaître l'odeur d'un terrier vide ou habité.

J'ai dû patienter encore d'interminables semaines.

Qu'il était magnifique, ce matin de printemps où j'ai pu retourner dans la forêt ! Les prairies se paraient de crocus violets, de jonquilles à la corolle d'un jaune vif. Le vent était parfumé, la lumière étincelante. Je me sentais toute légère et pleine d'espoir, après ces longs mois enfermée.

J'ai commencé à inspecter le moindre trou sombre sous les souches de sapin, puis chaque terrier que je découvrais. Aucun signe n'indiquait la présence d'un renard. L'un d'eux était fermé par deux grosses branches. Je les ai enlevées et repoussées derrière moi, avec une sorte de colère. J'en avais assez, les terriers étaient toujours inoccupés.

— Encore un, je dois encore en trouver un !

Le dernier s'abritait sous un rocher, entre les énormes racines d'un sapin fauché par les tempêtes d'hiver. Je me suis mise à genoux. Et là j'ai vu une touffe de poils roux, qui étaient restés accrochés à une pierre. Ils ne sentaient pas bon, enfin une drôle d'odeur sauvage. La terre molle avait gardé la trace de plusieurs empreintes. J'ai plongé mon bras dans le trou, pour évaluer la profondeur. J'avais assez d'indices : j'étais sûre qu'un renard vivait là. J'ai collé ma figure à l'entrée du terrier et j'ai appelé le plus doucement possible :

— Renard ! Renaaaarrrrd...

Ma voix a dû résonner loin et effrayer la bête tapie tout au fond. De frêles petits cris, d'étranges couinements, ont répondu à mon appel.

— Il y a des bébés, des renardeaux !

J'étais ravie. Vite, je me suis éloignée pour me cacher derrière un tronc d'arbre. J'ai attendu. Il allait sûrement se passer quelque chose... Non, rien ne bougeait, pas un éclair roux, pas un nez pointu.

Le ciel se couvrait, je n'en pouvais plus de rester immobile. Soudain, deux blaireaux sont arrivés. Ils n'ont pas fait attention à moi, uniquement soucieux de jouer, de se bousculer. Je les ai regardés défiler, amusée. Le monde interdit entrebâillait sa porte, rien que pour moi.

Ensuite il a plu, une pluie fine qui dansait sur les feuilles. J'ai vite mis ma cape, mon capuchon ; je me suis assise en fixant l'entrée du terrier. Je ne voulais pas renoncer. Je chuchotais :

— Sors, renard, sors de ta cachette ! C'est moi, ton amie...

J'étais persuadée qu'il s'agissait du renard de la rencontre. Je n'en avais aucune preuve, juste un pressentiment. C'était une sorte de jeu : si j'avais trouvé le bon terrier, c'était le bon renard, une renarde en plus, avec des petits. Cette idée me rendait heureuse.

Enfin, lasse d'attendre, je suis repartie. La forêt me paraissait vide, trop silencieuse malgré la musique fluette des gouttes sur les feuilles. Bien sûr, je me retournais souvent, au cas où...

Je sais aujourd'hui que les renardes n'aiment pas sentir l'odeur des humains près de leur tanière. Après mon départ, sûrement, il y a eu un déménagement dicté par la prudence. L'occupante des lieux a transporté ses petits un par un, en les prenant entre ses crocs par la peau du cou, pour les loger dans un autre terrier... Je lui donnais bien du travail.

Le lendemain, le soleil revenu, j'ai couru jusqu'au terrier, toute joyeuse. Je l'avais décrit à mon père. Selon lui, c'était un ancien repaire de blaireaux. Les renards ont l'habitude de s'approprier un endroit déjà aménagé. Cela leur évite de creuser. Décidément, ils étaient vraiment malins.

À peine arrivée près du sapin déraciné, j'ai aperçu une forme rousse qui tenait un petit dans sa gueule et s'enfonçait dans les taillis. Peut-être que tous les renards se ressemblent, mais moi je n'ai pas douté un instant. C'était le mien, celui de la rencontre. Je n'avais qu'à le suivre... Mais au bout de quelques mètres, il a disparu. Complètement disparu. J'étais déçue, si déçue que je n'avais plus qu'une solution : réfléchir.

« Je ne suis pas assez patiente... Elle a peur de moi, parce que j'appartiens à la famille des hommes, elle n'aime pas mon odeur, le bruit de mes pas. Elle croit que je représente un danger... »

Cependant, je ne pouvais pas abandonner. Alors j'ai eu une idée.

*

Mon idée pesait lourd sur mon épaule. C'était une échelle que j'avais fabriquée avec l'aide de mon grand-père. Je l'ai portée jusqu'au gros hêtre de la clairière. Ce lieu demeurait magique, pour moi. Tout avait commencé ici. Un coucou chantait. Le coucou messager du renouveau... Je lui ai répondu :

— Coucou, coucou ! Coucou...

Je me suis retrouvée perchée dans l'arbre. Ma besace contenait un pique-nique, une paire de jumelles. Même si la renarde m'avait entendue approcher, maintenant j'étais comme invisible, protégée par le feuillage, loin du sol. De là, je pouvais contempler la forêt, la prairie, la montagne bruissante de vent tiède. Certains très vieux arbres, morts debout, présentaient des formes fantasques. Plus sombres que les autres, noueux, leurs moignons de branches, les excroissances du bois, faisaient songer à des figures de monstres oubliés. Les gens du pays appelaient cet endroit la vallée des arbres totems.

Sous le soleil du printemps, ils ne m'effrayaient pas du tout. Je ne pensais qu'au renard. Je regardais à droite, à gauche, en bas du hêtre, puis vers l'horizon. Rien, pas un animal... juste l'appel plus ténu du coucou.

— Je dois être patiente ! PATIENTE !

En agitant mes pieds dans le vide, ce qui trahit

33

l'impatience justement, je me répétais ça : être patiente.

— Si je viens tous les matins, si je ne fais pas de bruit, si j'attends longtemps, je reverrai mon renard. Non, ma renarde. Elle a des petits...

Au bout d'un moment, j'ai préféré descendre de l'arbre. Assise contre le tronc, j'ai pris mes jumelles pour m'occuper un peu. Selon le côté que j'utilisais, les iris sauvages, d'un beau bleu profond, m'apparaissaient minuscules ou géantes. Le paysage n'était pas désert, en vérité. Je voyais des insectes grimper le long d'une tige, un oiseau s'envoler de son nid.

C'était passionnant. Je compris ce jour-là qu'il existait une multitude de créatures autour de moi, de toutes les tailles. J'apprenais à regarder, à devenir une partie du vieux hêtre, dont aucun animal ne se méfiait. Près d'une pierre, j'ai deviné une boule de piquants qui déambulait dans l'herbe. Un hérisson... Il fonçait droit vers le jambon de mon casse-croûte. Le pain ne l'intéressait pas, il avait déjà englouti un morceau de viande.

Comment n'y avais-je pas pensé plus tôt ? Si le hérisson était attiré par l'odeur du jambon, un renard pouvait très bien avoir la même réaction.

J'allais semer des lamelles de viande, de la lisière du bois jusqu'au hêtre.

J'ai déposé mes appâts bien en évidence, à une distance régulière. Ensuite je suis remontée dans l'arbre. Mais le hérisson était toujours là. Il croquait un bout de jambon. Je n'osais pas crier, alors j'ai murmuré du ton le plus sévère possible :

— Va-t'en ! Pschiiit !

Il ne comprenait pas. Je lui lançais des brindilles de bois, mais il continuait à manger.

— Veux-tu ! Ce n'est pas pour toi !

Prête à dégringoler de mon perchoir pour le faire déguerpir, j'ai vu soudain un museau fin, deux oreilles pointues, une robe rousse. Ma renarde ! Elle avançait dans la clairière, en gobant les petits bouts de jambon que j'avais semés. J'étais émerveillée. Mon plan fonctionnait. Je ne me souciais plus du hérisson : je devais passer inaperçue. La renarde approchait. Elle marchait vers moi, en croquant le jambon. À la fin du trajet, elle est tombée nez à nez avec le hérisson. D'un coup de patte, elle l'a envoyé rouler plus loin. J'ai éclaté de rire, puis aussitôt j'ai lancé un autre morceau de viande.

La renarde, étonnée par cette nourriture tombée du ciel, a levé la tête et elle m'a vue à son tour. J'étais démasquée, mais enchantée de mon stratagème. Je savais désormais comment l'amadouer.

— Viens ! Approche encore ! C'est moi, ton amie !

Nous nous regardions intensément. J'étais persuadée qu'elle reconnaissait ma voix. Pourtant, elle s'est enfuie, aussi vite que le premier jour.

J'ai joué les casse-cou pour descendre du hêtre et courir derrière elle. Mais je n'étais pas assez rapide. Elle avait encore disparu. Ce n'était pas grave, j'étais folle de joie. Elle reviendrait... J'ai poussé un cri de victoire.

4

Pendant deux jours, je suis allée près du hêtre, notre lieu de rendez-vous. Pour gagner du temps je prenais mon vélo, mais je le posais par terre bien avant la clairière, de crainte d'inquiéter les animaux qui se tenaient peut-être là, sans se montrer.

Dès que j'arrivais en bas de mon échelle, le vieil arbre me faisait l'effet d'un allié. Je semais des bouts de jambon, puis j'attendais. Rien ne m'arrêtait, ni la pluie, ni les grondements de l'orage. J'avais l'impression étrange d'être petit à petit acceptée par le monde interdit, de me fondre en lui.

J'aimais sentir le sol herbu sous mes pieds, caresser les fleurs. C'était le pays de ma renarde. Je crois qu'elle m'observait, bien cachée, qu'elle humait le parfum alléchant du jambon... Dès que je m'en allais, elle venait se régaler. Le soir, dans mon lit, je me disais :

— Elle s'habitue à manger ce que je lui offre... alors bientôt, elle n'aura plus peur.

Chaque fois que je retournais dans la forêt, j'espérais la voir, mais non... Je grimpais sur la grosse branche du hêtre où j'étais si bien installée et je l'attendais. De plus en plus patiente. Je ne m'ennuyais pas.

Un jour, j'ai fabriqué ma flûte, sur le modèle d'un sifflet à piston. Mon père m'avait montré comment m'y prendre. Il suffisait d'une branchette de frêne, de quelques coups de canif. Les sons que j'en tirais me plaisaient, frêles, mélodieux. Je les trouvais accordés au vaste paysage embaumé de fleurs sauvages, de folles graminées. Je jouais les paupières mi-closes. Les arbres totems m'écoutaient. J'ai cru les voir danser, se plier, frémir, au rythme de ma musique que le vent emportait jusqu'à eux.

Est-ce que ma renarde écoutait, elle aussi ? Je me suis endormie sans avoir la réponse, charmée par les papillons qui voletaient près de moi. J'étais si bien, allongée au pied du hêtre, baignée de soleil.

Les bêtes des bois n'ont pas souvent le temps de se reposer. La nuit, la renarde devait chasser. Les mulots et les campagnols menaient leur vie de fouineurs au fond de leurs galeries. Ils étaient une proie idéale pour la dent des renards. En rêve, j'admirais les sauts et les courses frénétiques de ma renarde, obligée de nourrir ses petits.

J'avais toujours hâte de partir vers la forêt. On me permettait de courir les bois à condition d'être prudente, de ne pas dépasser les limites de la clairière. Cela me convenait. Je ne faisais plus aucun bruit, en approchant du gros hêtre. Un matin, j'ai surpris la renarde. Elle essayait de monter dans un arbre ; l'oiseau qu'elle voulait attraper s'envola.

Tout à coup, elle s'est tournée vers moi. Je me suis vite dissimulée derrière un buisson, mais elle me fixait à travers le feuillage. Alors j'ai lentement quitté ma cachette. Nos deux regards se sont liés, comme la première fois et cela durait, durait. Je ne bougeais pas, la renarde non plus. C'était une sorte de dialogue muet.

« Qu'est-ce que tu me veux, à la fin ? » disait-elle de ses prunelles d'or.

— Je suis ton amie, laisse-moi te toucher...

Je croyais qu'elle allait s'enfuir encore. Non, elle s'est assise. J'étais bouleversée, car cela signifiait qu'elle tolérait ma présence, qu'elle n'avait plus peur de moi. Je ne l'ai pas appelée, je n'ai fait aucun geste. Un autre oiseau, qui venait de se poser sur la branche d'un jeune chêne, l'a poussée à se lever, à se remettre en quête d'une proie. Je l'ai suivie, en gardant une distance raisonnable.

Il ne fallait rien gâcher par trop d'audace, de précipitation. La renarde a lorgné un nid de bergeronnettes, puis elle a renoncé : c'était bien trop haut pour elle. J'étais prête à la suivre longtemps, à découvrir les sentiers secrets qu'elle devait tracer au cœur des sous-bois. Mais elle était vive, habile. Je l'ai perdue de vue.

— Demain, je te reverrai... oui, demain... ou tout de suite, si tu repasses par là...

Avec maintes précautions, je me suis cachée sous un bosquet de noisetiers. Presque aussitôt, j'ai entendu du bruit – branches agitées, des pas lourds, des grognements – et il est apparu. Un ours brun, énorme. Je me suis changée en statue, le souffle suspendu. Seuls mes yeux vivaient, attachés à la silhouette massive de l'ours...

Il humait le vent, grognait encore. Je me demandais :

— Que se passera-t-il, s'il sent mon odeur ? S'il me voit ?

Je me faisais toute petite. Malgré la peur qui m'envahissait, j'étais émerveillée. Une des plus grosses créatures du monde interdit se tenait là, à quelques mètres de moi. L'ours a continué son chemin, sans déceler ma présence. J'ai pu rire enfin, en silence. La forêt me dévoilait son existence secrète...

Je suis rentrée à la maison en courant, exaltée, dans la lumière orange du soleil couchant.

*

— J'ai vu des blaireaux, un hérisson, un ours... et ma renarde !

C'était une nouvelle comptine, secrète celle-ci, que je fredonnais en marchant vers le hêtre de la rencontre. Je n'avais plus besoin de parcourir la montagne, de grimper jusqu'au grand crêt qui domine le pays. Les animaux, habiles à se rendre invisibles, venaient à moi. Je devais juste apprivoiser ma renarde.

J'ai continué à jouer au petit Poucet. De la lisière du bois jusqu'au vieil arbre, j'ai semé des morceaux de jambon. Ensuite, je suis montée me percher sur la branche qui me servait d'observatoire.

Je n'ai pas eu longtemps à attendre, cette fois. La renarde s'est approchée en prenant soin de croquer une à une mes offrandes. Je suis descendue en vitesse. Elle n'a eu aucun geste de frayeur, comme si elle savait que j'étais là.

— Renard ! Bonjour... Renard, c'est moi, ton amie.

J'ai sorti une cuisse de poulet de ma besace. Accroupie, je lui ai tendu la viande. Elle penchait la tête, reculait, avançait, les narines frémissantes d'envie. Jamais elle n'avait été si proche de moi, un mètre à peine.

— Tiens, renarde ! C'est pour toi... du poulet...

Tout en chuchotant, je l'admirais. La brise soulevait la fourrure de son dos, ses yeux contenaient toujours la même interrogation, ses oreilles bien droites semblaient attentives au moindre crissement d'herbe.

— Tiens, prends !

Ma renarde exécutait une drôle de danse : deux pas en arrière, un bond de côté, trois pas en avant, un demi-cercle prudent.

— Viens, je t'en prie !

Nos regards ne se lâchaient pas. C'était un moment terriblement important.

Soudain elle s'est éloignée. Vite, j'ai lancé la cuisse de poulet dans sa direction. J'avais attaché une ficelle au bout de l'os, une très longue ficelle enroulée sur un bobineau en bois. Dès que la renarde a voulu saisir le morceau de viande, je l'ai ramené vers moi très délicatement. Elle l'a suivi, toute surprise. Chaque fois qu'elle allait l'attraper, je tirais encore. Cela m'amusait, je n'étais qu'une petite fille. Je riais, mais la renarde a tourné la tête, prête à abandonner le jeu.

— Viens, je te la donne ! ai-je murmuré.

Je me suis accroupie à nouveau, en tenant la cuisse de poulet. Elle l'a reniflée dans ma main. Nous étions si près l'une de l'autre que je retenais ma respiration. D'un coup, elle a pris la viande dans sa gueule. Je ne voulais pas lâcher la ficelle. La renarde tirait, sautillait et soudain, elle a filé vers les bois. Je n'étais pas inquiète. J'ai couru sur ses traces, certaine de la retrouver grâce à la ficelle. Comme je courais ! J'ai sauté un buisson, j'ai évité un tronc d'arbre. Finalement, j'ai laissé le bobineau se dérouler.

Quelques minutes plus tard, dans la forêt, j'ai découvert une vraie toile d'araignée, que la renarde avait tissée autour des troncs d'arbres en zigzaguant... Le fil qui me reliait à elle s'était rompu.

— Tant pis ! Je reviendrai... Demain, et après-demain... je reviendrai.

J'avais la sensation rassurante que ma renarde s'accoutumait à me voir près du hêtre de la rencontre. J'espérais même qu'elle venait rôder là juste pour moi.

Le lendemain, j'étais au rendez-vous. Les oiseaux volaient d'une branche à l'autre. La vallée bruissait de mille vies minuscules, mais pas l'ombre d'un renard. Peut-être qu'elle ne viendrait pas. J'avais pu l'agacer, avec ma ficelle...

Ce jour-là, pourtant, quelque chose a changé. Comme je détournais la tête, je me suis trouvée nez à nez avec elle, assise dans l'herbe. Sans bruit, elle m'avait rejointe et me regardait. Je lui ai souri. Elle s'est levée, en me fixant. J'ai demandé tout bas :

— Tu veux que je te suive ? Je viens...

La renarde trottinait devant moi, sans vérifier si j'étais toujours là. Elle m'entraînait bien au-delà du périmètre autorisé par mes parents. Je m'en moquais, je voulais la suivre. Elle me guida au plus profond de la forêt des arbres totems.

Nous avons longé ensuite un profond ravin. Un torrent impétueux coulait au fond, limpide, vif. Je commençais à être fatiguée. Au bord du gouffre, la renarde s'est arrêtée. Ses oreilles frémissaient. Elle semblait guetter mes pas. Essoufflée, je suis enfin arrivée près d'elle. J'avais très envie de la caresser. Mes doigts effleuraient presque son dos. Je n'ai pas eu le temps. D'un bond, elle a sauté de l'autre côté de la faille. Sans plus m'accorder d'attention, elle a continué son chemin.

Je ne savais plus que faire. On m'avait interdit d'aller si loin. J'ai regardé derrière moi, comme si quelqu'un me surveillait. Personne. Il y avait au moins deux mètres à franchir.

— Et si je tombe dans le torrent ? Et si...

Ma renarde disparaissait entre les broussailles. J'ai rassemblé toutes mes forces, toute ma volonté et j'ai sauté à mon tour. Très fière d'avoir réussi un tel exploit, je suis repartie en courant.

5

Je n'avais pas perdu la trace de la renarde. Je l'apercevais devant moi, parmi le vert tendre du printemps, flèche rousse au poil brillant. Je l'ai rejointe dans un vallon étroit. La lumière jouait à travers les feuillages. C'était un lieu merveilleux, un décor de conte de fées : une cascade coulait du haut de la montagne. Ses eaux transparentes étincelaient au soleil. De gros rochers couverts de mousse abritaient des vasques où l'eau tourbillonnait avant de reprendre sa chute cristalline.

Enchantée, j'ai poussé un cri de joie. Ma renarde m'observait. Pourquoi m'avait-elle conduite ici...

Je ne le sais toujours pas. Elle voulait peut-être partager avec moi la fraîcheur de la cascade, le calme du vallon si bien caché.

Soudain une tête ronde a surgi de la rivière : une loutre. Petite sirène brune, elle a bondi hors de l'eau, a replongé dans une gerbe de gouttelettes argentées, puis elle s'est laissée porter par le courant.

Je n'avais encore jamais vu de loutre. Je l'ai admirée, un peu méfiante cependant. Elle ne me connaissait pas.

La renarde en avait assez vu. Elle me fit signe, oui, un vrai signe de renard, d'un mouvement de tête.

« Suis-moi ! » semblait-elle dire.

Nous avons marché en équilibre sur un tronc d'arbre, le long de la cascade. Je ne pensais plus à l'heure, à la maison. J'étais l'invitée d'une bête sauvage dans le monde interdit.

Ma renarde... J'aurais bien voulu lui donner un nom. Je n'osais pas. Elle m'attira sur une immense pierre plate, creusée de cuvettes remplies d'eau. C'était le pays des grenouilles. Leurs gros yeux globuleux affleuraient à la surface, puis d'un coup elles sautaient en l'air, se jetaient dans une autre flaque. Cela composait une mélodie de plouf !

La renarde n'était pas venue là pour jouer. Elle chassait. À plusieurs reprises, je la vis bondir sur une grenouille, mais elle n'en attrapait aucune. Ses dents claquaient dans le vide. Moi, assise au soleil, je riais tellement c'était drôle.

— Je vais chasser aussi, renard !

Je tendais les mains, mais les grenouilles sautaient trop bien. Elles m'échappaient à chaque fois. Elles plongeaient si vite et dans tous les sens. Soudain il y a eu un plus gros plouf ! La renarde était tombée dans la rivière. Elle reprit vite pied sur le rocher et s'ébroua en m'éclaboussant.

Je n'en pouvais plus de rire ! Elle s'éloigna aussitôt, l'air un peu vexé. Les animaux ne comprennent pas nos éclats de gaieté. Je me remis à courir en l'appelant :

— Renard ! Ne sois pas fâché ! Je ne me moquais pas de toi !

Plus loin s'étendait un champ fleuri d'asphodèles. La renarde s'était couchée en boule. Elle m'ignorait.

Je me suis assise à quelques pas. Je boudais moi aussi. Nous nous amusions tant avec les grenouilles. J'ai murmuré :

— Renaarrdd ! Titou... c'est joli, Titou comme nom ?

Bien sûr, elle n'a pas répondu. Le son « titou » me plaisait. J'ai chantonné, un brin d'herbe au coin de la bouche :

— Titou ! Parce que les renards sont tout fous, tout roux, tout doux... Titou !

Elle s'est redressée et elle a repris son chemin.

— Titou ? Où vas-tu encore ?

Elle ne s'est pas arrêtée. Je l'ai suivie. Je voulais tant la toucher, pouvoir enfin la caresser. Cette envie me donnait des ailes.

La renarde m'a conduite ainsi jusqu'au pied d'une falaise. Pour moi, cela ressemblait à une énorme muraille de pierre, mais elle n'impressionnait pas une petite bête sauvage, vive et légère. Un éboulis de gros rochers lui servait de marches.

— Titou ? Je ne pourrai pas monter, moi.

Je l'ai vue disparaître dans une grande caverne dont l'entrée ressemblait à un porche gigantesque. Intriguée, je me suis décidée à gravir moi aussi l'éboulis et un pan de roche.

— Titou ! Renard ! Attends... J'arrive !

La caverne m'a paru immense, la voûte très haute au-dessus de ma tête. Je me souviens de la sensation étrange que j'ai ressentie, comme si je passais le seuil d'un univers encore plus mystérieux que le monde interdit.

— Renard ? Où es-tu ? Titouuuu !

Un coup de tonnerre a retenti, dont l'écho s'est répercuté dans toute la montagne. Une pluie drue s'est abattue devant la grotte. Je n'avais plus le choix. J'ai aperçu un boyau étroit qui s'enfonçait dans les profondeurs de la Terre. Le cœur serré d'appréhension, j'ai pris ma lampe de poche dans ma besace. Peut-être que ma renarde m'imposait une épreuve, pour savoir si j'étais vraiment digne d'être son amie. Je devais la suivre encore.

J'ai dû avancer à quatre pattes dans la galerie. Au bout de quelques mètres, j'ai pu me relever. Je me trouvais dans une très vaste salle. Par une faille, la pluie ruisselait, irisée d'une lumière argentée.

Je retenais mon souffle, fascinée : tout autour de moi se dressaient des stalagmites d'une couleur dorée et des stalactites en draperie ornaient le plafond. J'ai crié tout bas :

— Ouaahh...

Ma renarde a surgi de l'ombre, elle s'est approchée de moi, à petits pas. Elle s'est immobilisée, presque à mes pieds. Je lui ai parlé :

— Tu viens souvent ici ? C'est magnifique... Et comment as-tu deviné qu'il y aurait un orage, qu'il allait pleuvoir ? Ce sont des secrets de renard ? Est-ce que tes petits sont là ? Si c'est ton nouveau terrier, il est vraiment grand !

Elle m'a écoutée en agitant les oreilles, avant de se faufiler dans le dédale des stalagmites. Je n'avais pas peur, elle me guidait. Le halo de ma lampe dansait sur les parois qui luisaient étrangement. La renarde a bu dans une flaque, ensuite elle s'est couchée dans un creux du rocher, que l'on aurait dit fait exprès pour elle.

Je me suis penchée sur une petite vasque qui ressemblait à une coupelle. J'ai bu moi aussi. C'était frais, délicieux. Au fond de l'eau très pure, il y avait une perle en pierre, un rond parfait. Je l'ai faite rouler entre mes doigts. Ma renarde ne bougeait pas. Je l'ai interrogée tout bas :

— Dis, est-ce que tu connais d'autres endroits merveilleux ? Quand je ne te vois pas, tu te caches là, dans la grotte ?

Je la regardais, songeuse. Elle m'avait montré comment elle vivait loin de la clairière, loin du vieux hêtre. Je savais maintenant que les renards se nourrissaient surtout de mulots, de campagnols et de grenouilles. Ils n'avaient pas souvent droit à une poule bien dodue.

— Renard ? Tu préfères « renard » ou « Titou » ?

Avec précaution, je me suis approchée d'elle et j'ai tendu la main tout doucement vers sa tête. D'un bond, elle s'est enfuie.

— Oh non ! Je voulais juste te caresser ! Où es-tu ?

Je ne la voyais plus. Rester toute seule dans l'étrange caverne ne me plaisait pas trop.

— Renard ! Ce n'est pas gentil de m'abandonner ! Je veux sortir...

Soudain j'ai eu peur, une peur terrible de me perdre si je rebroussais chemin. Je me suis tue un instant, le cœur serré. Un bruit ténu s'élevait dans le silence : les griffes de ma renarde sur le rocher.

— Vite ! Vite... il faut que je la rattrape !

J'avançais comme je pouvais, en me cognant aux parois, en glissant sur des nappes d'argile humide. Ma lampe éclairait des pans de roche, le sol visqueux, mais la renarde avait bel et bien disparu encore une fois. J'avais de plus en plus peur. Je me retenais de crier, de pleurer.

— Renard ! Reviens ! Titou, je t'en prie, reviens !

J'espérais de tout mon cœur la voir réapparaître, mais non.

Je suis arrivée à l'embranchement de deux galeries. J'ai tendu l'oreille : plus aucun cliquetis de griffes.

— Tant pis, je vais à droite !

Je n'étais plus capable de réfléchir. Je voulais retrouver le ciel, le vent, la forêt. Je courais, je trébuchais, désespérée.

— Renard ! Aide-moi !

Et puis le passage s'est rétréci, j'ai dû continuer à genoux. Au bout de quelques mètres, j'ai senti de l'air frais. J'avais trouvé une sortie, mais il faisait nuit... Cela m'étonnait. Debout sur le replat rocheux, je scrutais les ténèbres.

— Déjà ?

Mes parents devaient s'inquiéter. Grand-père aussi.

— Je dois rentrer à la maison !

La forêt s'étendait en contrebas, sombre, infinie. Je ne savais pas dans quelle direction aller, alors j'ai avancé d'un pas. Mon pied n'a rencontré que le vide. J'ai perdu l'équilibre et je suis tombée.

D'abord, des broussailles ont freiné ma chute. J'ai essayé de m'y accrocher, je n'ai pas pu. C'était une sorte d'à-pic, une pente abrupte. Impossible de m'arrêter, j'ai dévalé en roulé-boulé long-temps, longtemps. Je me souviens qu'à un moment, j'ai perdu ma lampe, qui a dû se casser sur le rocher. Moi, j'ai continué à glisser...

6

Ma chute s'est terminée au creux d'un nid de pierre en forme d'entonnoir. J'aurais pu me faire très mal ; je n'étais qu'endolorie, mon dos, mes bras, mes genoux. Je me demandais où j'avais atterri... Un clapotis, tout proche, m'a fait sursauter. Il devait y avoir une mare. Malgré l'obscurité, j'ai cru deviner les yeux globuleux d'un énorme crapaud. La nuit m'entourait, une nuit noire pleine de menaces. Mieux valait me rouler en boule comme ma renarde, ne pas bouger. J'avais eu peur dans la grotte, mais là, j'avais encore plus peur. Je ne m'étais jamais retrouvée seule la nuit dans la montagne.

En cherchant si j'avais toujours ma besace, mes doigts ont touché une bestiole à la peau froide. Je n'ai même pas osé crier. À tâtons, j'ai ouvert mon sac pour prendre mes allumettes, mais j'ai renversé la boîte...

Les larmes aux yeux, j'ai pu en récupérer quelques-unes. Quel soulagement de voir briller la frêle flamme dorée ! Quant à la fameuse bête, c'était une salamandre au corps luisant, très noir et taché de jaune vif, qui déambulait sans hâte.

L'allumette s'est éteinte. Je suis restée immobile, le souffle suspendu. La nuit me paraissait intense, le silence d'une profondeur étrange. Des étoiles scintillaient dans le ciel. Je les regardais obstinément, comme si elles avaient le pouvoir de me protéger. Le monde interdit m'avait prise au piège.

Soudain, j'ai entendu des pas. Un animal approchait. Des brindilles craquaient, des feuilles mortes bruissaient. Vite, une autre allumette... Je ne voyais rien, mais les pas s'étaient arrêtés.

À peine le noir revenu, les pas ont résonné de nouveau. L'animal rôdait, il venait vers moi lentement. Et d'autres menus bruits naissaient de la nuit, des crissements, des chuintements, des grattements. J'avais l'impression d'être cernée par

58

toutes les créatures de la forêt, devenues hostiles...
Un hululement lugubre a retenti dans un arbre,
suivi d'un puissant battement d'ailes. Un hibou
grand-duc a survolé ma cachette ! J'ai hurlé de
frayeur, à bout de résistance.

Ce n'est pas un oiseau dangereux, pourtant,
mais une petite fille de neuf ans, perdue dans un
coin de forêt inconnu, n'arrive plus à raisonner.
Et puis les bruits ne faisaient que croître, des pas,
des respirations. Alors, à tâtons, j'ai commencé à
ramasser des pierres. J'allais dresser un rempart
contre les ennemis invisibles qui s'agitaient autour
de moi. Les galets avaient déjà servi d'armes aux
hommes préhistoriques : j'en lançais au hasard.
Cela ne servait à rien. Les pas, les crissements, les
grattements rampaient vers moi.

Je me suis recroquevillée sur le sol, en cachant
mon visage de mes bras repliés, en me bouchant
les oreilles du mieux que je pouvais. C'était une
façon de m'enfuir, de devenir invisible à mon
tour. Je ne voulais plus rien voir, plus rien entendre.

Dans les branches au-dessus de ma tête, les
bêtes des bois ont dû continuer à se promener :
loirs, lérots, martres, hiboux et chats sauvages.
Peut-être bien qu'ils m'observaient, intrigués.

Peu à peu une clarté très douce a inondé mon refuge, le tronc des arbres, les jeunes feuilles. Je me suis redressée, stupéfaite. La Lune montait dans le ciel, toute ronde, étincelante. L'obscurité se dissipait, tandis qu'une luminosité bleuâtre s'attachait au moindre détail.

Je vis scintiller l'eau paisible de la mare, une clairière semée d'herbes folles, quelques rochers et la ronde des arbres. À la fourche d'un chêne, une silhouette se dessinait : robe de panthère, longue queue annelée, larges prunelles brillantes. Une genette...

Je n'avais plus peur. La nuit se faisait enchanteresse. Deux fouines se poursuivaient de branche en branche, vives et gracieuses. Le bruit de pas qui m'avait tant effrayée me fit baisser la tête. Un grand cerf apparut, sa ramure majestueuse auréolée par le halo de la Lune. Ses bois veloutés semblaient frôler les étoiles. C'était un roi sauvage, le maître de la forêt. J'ai retenu ma respiration, fascinée. C'était le plus beau spectacle que le monde interdit pouvait m'offrir.

Le cerf m'a regardée avec attention, puis il s'est éloigné au trot. Apaisée, je me suis recouchée. La mélodie des grillons, l'appel tremblant d'une hulotte me berçaient. Près de ma joue, j'ai aperçu une minuscule goutte de lumière, à demi enfouie dans la mousse. Ce n'était qu'un innocent ver luisant ; je l'ai pris délicatement entre mes doigts et je me suis endormie en le gardant dans le creux de ma main.

*

À l'aube, une coccinelle m'a réveillée. Elle gambadait le long de mon nez et cela me chatouillait. Je me suis souvenue de l'endroit où j'étais, de ma chute, de mes peurs de la nuit. Le ver luisant, pareil à une chenille brune, rampait sur ma manche. Je l'ai aidé à se glisser dans l'herbe.

Le paysage n'avait plus rien d'inquiétant, mais le contenu de ma besace était éparpillé dans l'herbe. Le coupable n'était pas loin : ma renarde dormait près de moi, roulée en boule à côté du paquet de biscuits que j'avais emporté pour le goûter. Elle ne m'avait pas abandonnée.

J'étais si heureuse de la revoir. Je n'avais qu'à tendre la main pour la toucher.

« Si je la caresse, elle va s'enfuir d'un coup ! Elle aura peur... »

Je me souviens de l'émotion violente que j'ai ressenti. C'était un instant décisif : un geste de trop et je risquais de perdre la confiance que la renarde m'accordait depuis la veille. J'ai fermé les yeux, j'ai respiré profondément. Ma main s'est posée entre ses oreilles. Elle n'a pas bougé. En souriant d'une joie infinie, je l'ai caressée avec délicatesse. Sa fourrure était douce, soyeuse, tiède de soleil.

J'avais tant rêvé de ce moment. Depuis l'automne et tout l'hiver.

Ma renarde s'est redressée. Elle a tendu sa fine tête rousse vers moi et elle m'a regardée. Pourquoi acceptait-elle enfin que je la touche... Quelque chose avait changé. Peut-être que je lui plaisais davantage, échevelée, les joues maculées d'argile ! Peut-être que la nuit dans la forêt m'avait lavée de mon odeur d'être humain. Cela m'importait peu de comprendre, au fond. Nous étions réunies dans le monde interdit ; je l'avais apprivoisée.

J'aurais pu passer toute la journée assise dans l'herbe, près de ma renarde. Mais elle a reculé d'un coup, aux aguets. J'ai chuchoté :

— Qu'est-ce que tu as ? Je t'en prie, ne t'en va pas...

Des voix s'élevaient, des chiens aboyaient. Mon prénom résonnait, l'écho le renvoyait d'un bout à l'autre de la montagne, assorti de cris, d'appels angoissés. Le charme était rompu.

D'un bond, la renarde a disparu entre les broussailles. Je me suis relevée sans bruit, arrachée à mon rêve. À petits pas hésitants, j'ai marché vers ceux qui me cherchaient. Les voix se rapprochaient. Celle de mon père dominait toutes les autres.

— Je suis là, papa ! Ohé ! Papa !

C'était bon de le retrouver, de rentrer à la maison. J'ai dû expliquer comment je m'étais égarée. On m'interrogea... Était-ce arrivé à cause du renard dont je parlais si souvent ?

Mais j'ai gardé mon secret. Personne ne saurait ce qui s'était vraiment passé.

Ce soir-là, dans mon lit, j'ai dessiné la renarde dans plusieurs attitudes : en train de chasser les mulots, de sauter la faille, de boire, de courir. Je me souvenais du moindre détail et mon crayon semblait pris de magie. Je me promis de toujours dessiner, les fleurs et les plantes des bois, les grenouilles, les loutres, les cerfs, tous les animaux du monde sauvage...

7

Ma nuit passée à la belle étoile avait causé beaucoup d'inquiétude à mes parents. Maman jugeait que je méritais une punition, car j'avais désobéi en franchissant la rivière. Mais papa et grand-père prirent ma défense. C'était une tradition dans la famille de courir les bois. Il fut décidé que je ne sortirais pas pendant une semaine, ensuite je pourrais aller m'amuser au pied du gros hêtre, pas plus loin, les jours où je n'aurais pas école.

Ce fut une semaine très ennuyeuse. Je pensais à ma renarde. Elle devait m'attendre, en se demandant pourquoi je ne venais plus dans la clairière de la rencontre. Je l'imaginais, occupée à traquer des proies pour ses petits, ou bien couchée au soleil. Je croyais sentir encore la douceur de sa fourrure sous mes doigts.

Il vint enfin, le matin enchanté où j'eus le droit de repartir. J'ai garni ma besace de tout le nécessaire : du pain, du jambon, des biscuits, ma paire de jumelles, un foulard, mon canif, une nouvelle lampe, une boîte d'allumettes toute neuve et ma flûte en bois de frêne.

J'ai retrouvé le parfum du vent, le frisson des graminées au moindre souffle d'air, les couleurs tendres des fleurs. Le vieux hêtre m'a accueilli, coiffé de son large feuillage.

Assise dans l'herbe, ma besace posée à côté de moi, j'ai joué de ma flûte. Elle ne donnait qu'une modeste mélodie, des sons légers et monotones, mais chaque note s'envolait vers le ciel immense.

Presque aussitôt, un cri a retenti sous le couvert des arbres. Un renard. Je me suis vite redressée et j'ai crié bien fort :

— Youyouyou !

Un autre glapissement a vrillé l'air, beaucoup plus proche.

— Renard ! Titouuuuuuuuu !

Je guettais le moindre mouvement dans les taillis. Une bête courait parmi les broussailles.

Cette fois, ce n'était pas pour me fuir. Ma renarde se ruait vers moi, telle une flèche rousse.

En quelques secondes, elle se tortillait de joie à mes pieds, couinait, sautillait, se frottait à mes jambes.

— Tu n'as plus peur du tout, tu m'attendais !

Bouleversée, j'arrivais à peine à lui parler : j'avais envie de rire, de pleurer. Je pouvais la caresser, elle ne se dérobait pas. Elle paraissait même apprécier. J'étais transportée de bonheur...

Ma renarde me fit soudain ce petit signe de museau qui signifiait : « Viens, viens ! »

— Je n'ai pas le droit d'aller trop loin !

Elle filait déjà en trottinant. Je l'ai suivie. Ce jour-là, elle m'a emmenée dans la vallée voisine, surplombée de hautes falaises. Une vaste prairie nous a servi de terrain de jeux. Je courais, la renarde me dépassait. Je la rattrapais, elle gambadait sur mes talons. Nous étions devenues amies. Des sœurs...

Un arbre gigantesque gisait au milieu du pré, noir et tortueux. La renarde a grimpé sur le tronc ; je l'ai rejointe et je me suis assise près d'elle. Je ne me lassais pas de la regarder : j'éprouvais tant d'amour pour elle.

— Je le savais, que cela arriverait... Depuis l'automne, quand je t'ai vue près du hêtre.

Dès que j'ai dit ça, elle a reniflé le bout de mon nez.

— C'est un baiser de renard ?

Je riais, comblée. Elle s'est tournée vers la lisière du bois. Ses oreilles s'agitaient dans tous les sens, en avant, en arrière. Des hirondelles volaient en rase-mottes, poussant des cris stridents. La renarde les écoutait, aux aguets. J'ai murmuré :

— C'est drôle de pouvoir bouger ses oreilles comme ça ! Est-ce que c'est difficile ? Je n'ai qu'à essayer...

J'ai mis mes mains autour de mes propres oreilles pour l'imiter. À ma grande surprise, tous les sons de la prairie et des bois voisins me parurent différents, amplifiés ou atténués.

C'était très amusant. J'en oubliais de surveiller la renarde ; elle avait sauté du tronc et s'enfuyait, comme si un danger invisible la menaçait.

— Attends-moi !

J'apercevais encore le bout de sa queue entre les buissons. D'abord j'ai couru pour ne pas la perdre de vue, mais certaine de la rattraper facilement, j'ai ralenti l'allure. Tout était si tranquille.

Titou devait chasser. Et il me suffirait de l'appeler, elle reviendrait.

Je suis entrée à petits pas dans la forêt. J'avais beau chercher la silhouette rousse de la renarde, je ne la voyais plus. Les fougères, les hautes herbes du sous-bois la dissimulaient sûrement à mes yeux.

— Titou ? Renaarrd !

L'écho d'une galopade rapide m'a figée sur place. Ma renarde n'aurait pas fait autant de bruit. Un hurlement s'est élevé, puis un autre : des loups. Où se cachaient-ils ? J'ai regardé autour de moi, en pivotant lentement. Mon cœur s'est mis à battre comme un fou. Les loups me cernaient peut-être, tapis dans la végétation, à l'affût derrière les arbres. Les hurlements continuaient. Prise de panique, j'ai couru le plus vite possible, mais un cri rauque m'a arrêtée. J'ai fait demi-tour, terrifiée.

Les loups ne savaient pas grimper, moi si... Je suis montée dans un sapin, me hissant prudemment de branche en branche. Une fois perchée loin du sol, j'ai pu reprendre mon souffle. Là au moins, j'étais en sécurité.

Cependant les loups n'en avaient pas après moi. De mon perchoir, à force de scruter les environs, j'ai découvert une scène affreuse : ma renarde s'était réfugiée en haut d'une énorme souche. Les loups l'encerclaient. Les plus hardis essayaient d'escalader l'arbre mort, les autres attendaient impatiemment de pouvoir croquer leur proie.

Je serais bien restée dans le sapin, mais je ne pouvais pas abandonner mon amie. À chacun des mouvements qu'elle faisait pour se maintenir en équilibre, la souche oscillait.

Je suis redescendue sans bruit. J'ai ramassé une grosse pierre et une branche qui me servirait de gourdin. Ces armes improvisées me rassuraient.

Mes escapades dans le monde sauvage m'apprenaient beaucoup de choses. Le courage sûrement, la ruse aussi. Je progressais en silence, pour ne pas attirer l'attention des loups. Je devais les surprendre. Mon esprit se concentrait sur un seul point : sauver ma renarde. Sinon je n'aurais pas osé m'approcher.

Un des loups a virevolté, humant le vent. Il m'a vue tout de suite et s'est approché à grands pas souples. De frayeur, j'ai lâché la pierre et la branche pour me cacher les yeux à pleines mains. Le loup allait m'attaquer...

Mais rien ne se passait. J'ai soulevé un doigt, l'animal retournait droit à la souche. Je l'intéressais moins qu'une petite renarde qui allait bientôt tomber entre ses crocs. La souche ne tiendrait pas longtemps. Les loups sautaient contre le tronc, le grattaient de leurs solides griffes. Des grincements inquiétants sourdaient du bois pourri.

— Qu'est-ce que je peux faire ? Vite, vite... Ils vont tuer Titou !

J'ai fouillé ma besace : le canif était inutile, comme la ficelle et les jumelles. Le sac en papier qui renfermait mon casse-croûte m'a donné une idée. C'était un de mes jeux, à l'école. J'ai gonflé le sac au maximum puis je l'ai fait éclater de toutes mes forces, à pleines mains. Cela ressemblait à s'y méprendre à la détonation d'un coup de fusil.

Les loups ont reculé d'un seul mouvement prudent. J'aurais voulu les voir détaler, mais ils me fixaient, prêts à bondir. Ils se demandaient sans doute si j'étais dangereuse ou non.

Ma renarde en a profité pour sauter de son refuge et filer à travers la végétation. Au moins, elle était hors de danger. J'aurais bien aimé m'enfuir aussi.

— Si je pars en courant, ils me pourchasseront ! Je n'ai pas peur d'eux ! Je n'ai pas peur d'eux...

J'appartenais au monde des humains. Il fallait leur prouver. Sans plus réfléchir, j'ai foncé sur les loups en hurlant, en gesticulant, un vrai diable en colère. Cette fois, ils ont détalé pour de bon. J'ai continué à les poursuivre avec des cris de rage. Ils étaient déjà loin.

Un profond silence a envahi la forêt. Je me suis couchée par terre, au pied d'un arbre, toute tremblante.

— Je les ai mis en fuite... j'ai réussi !

Je ne sais toujours pas comment j'ai eu le courage d'affronter ces loups. Le soir, bien à l'abri dans mon lit, j'ai compris qu'ils n'étaient pas vraiment méchants. Ils avaient eu peur d'une petite fille de neuf ans. C'était encore une leçon que je tirais du monde sauvage : l'être humain, capable de fabriquer des armes, d'allumer du feu, serait toujours plus fort que les animaux. Même si cela me déplaisait, j'appartenais à l'espèce la plus dangereuse, celle des chasseurs et des braconniers. Je n'en aimais que plus ma renarde, qui avait accepté ma présence et me faisait confiance.

8

Je n'ai pas raconté ce nouvel exploit à mes parents. C'était encore un secret qui s'ajoutait aux précédents. Si j'avais parlé de l'immense caverne, de ma chute interminable sur la pente du ravin, des loups, on m'aurait interdit de retourner seule dans la montagne. C'étaient les grandes vacances, j'avais besoin de ma liberté.

Je pouvais me promener tous les jours avec ma renarde. Nous nous retrouvions près du vieux hêtre. Elle me témoignait de plus en plus d'affection. Ce fut une époque magique. Je la suivais en courant. Dès qu'elle me distançait, je lançais un youyou aigu. Elle me répondait d'une sorte de jappement bref. Quand j'étais fatiguée, je m'allongeais dans l'herbe, elle se couchait près de moi. Nos balades s'achevaient souvent près de son terrier, dont l'entrée se trouvait au milieu d'un chaos de roches moussues. Titou se faufilait à l'intérieur. Je ne pouvais pas y entrer, évidemment. Alors je m'asseyais et je contemplais le feuillage des arbres, le vol des papillons...

Un matin, je me suis endormie près du terrier. Le contact d'un museau humide m'a réveillée. Un renardeau m'examinait avec curiosité. Ses frères m'observaient à distance prudente. Trois lutins au pelage sombre, dotés de minuscules oreilles pointues. Je craignais de les effaroucher en me redressant.

Je suis restée appuyée sur un coude. Je rêvais de les caresser, mais ils ne me connaissaient pas encore. Avec des gestes très doux, j'ai pris des biscuits dans ma besace et je leur ai tendu de menus morceaux. Ils sautaient sur place, se bousculaient sans oser atteindre ma main.

Ils étaient si beaux dans la lumière du sous-bois. Et si drôles. Ils se poursuivaient, se mordillaient, se taquinaient. Ils faisaient des cabrioles, se roulaient dans la terre. Je n'en pouvais plus de rire...

Au fil des jours, les renardeaux s'habituaient à mon odeur, à ma voix. Ils avaient l'âge d'explorer le monde sauvage. Je marchais à côté de ma renarde, ils nous suivaient. Souvent je jouais de la flûte, en tête du cortège, contente d'ouvrir la marche.

Un soir très chaud, dans la lumière du soleil qui déclinait, je les ai conduits sur la crête. La vue me ravissait. Je me revoyais à l'automne, debout au même endroit. L'immensité de la forêt recouvrant la montagne m'avait paru hostile, je pensais ne jamais revoir mon renard. Je me trompais. À présent, je gambadais dans l'herbe entourée des renardeaux. Leur mère devait chasser le mulot un peu plus loin.

Un des petits sautait de plus en plus haut pour attraper un papillon. Il retombait sur ses pattes, claquait des dents sur le vide. Je lui ai crié en riant :

— Allez, recommence, tu y arriveras bientôt !

Le coup suivant, il a pu croquer le papillon. Je lui ai lancé une fleur qu'il a gobée aussi. Au même instant, j'ai vu passer à mes pieds l'ombre d'un oiseau de grande taille. Un aigle tournoyait au-dessus de nous. Le renardeau continuait à courir dans l'herbe.

— Attention ! Reviens...

J'ai couru comme une folle vers lui et je l'ai plaqué au sol, juste à temps. L'aigle attaquait, en se laissant tomber du ciel à une vitesse vertigineuse. Une de ses ailes a frôlé ma tête.

Le renardeau s'est débattu quelques secondes, puis il s'est calmé. Je le caressais pour le rassurer. C'était une sensation délicieuse de le tenir contre moi.

Soudain l'aigle est revenu en piqué. J'ai courbé le dos en serrant plus fort mon protégé. Le rapace a renoncé. Par prudence, j'ai attendu avant de relâcher le renardeau, en surveillant le ciel. Il n'y avait plus de danger.

— Tu peux retourner jouer..., ai-je chuchoté.

Mais il n'a pas bougé, confortablement installé dans mes bras. J'ai souri, radieuse. J'appartenais au monde sauvage, désormais.

*

Un soir, au crépuscule, ma renarde m'a suivie jusqu'à une petite falaise qui surplombait la vallée. Elle s'est assise à côté de moi. Toutes les deux nous avons observé le paysage : le lac dont la surface miroitait et sur la berge, ma maison, qui ressemblait à un jouet... du linge séchait, les fenêtres venaient de s'allumer. Notre chien aboyait.

J'ai dit tout bas :

— Tu vois, j'habite là ! C'est mon terrier.

Titou paraissait intriguée. Elle humait le vent, agitait ses oreilles. Je l'ai caressée.

— Je dois y aller, c'est l'heure du dîner. Au revoir...

Je n'avais pas envie de la quitter. Elle m'a regardée descendre le sentier. Je lui ai fait un signe de la main.

Combien de temps est-elle restée sur la falaise ? J'ai cru deviner sa silhouette menue tout là-haut, dans les derniers rayons du soleil couchant. Ensuite je suis rentrée dans « mon terrier », à regret.

*

Le lendemain matin, je suis partie très tôt. J'ai traversé le pré en courant, je me suis glissée sous la clôture. Une forme rousse a jailli d'un buisson. C'était ma renarde. Jamais elle n'était venue aussi près de la maison.

— Titou, ma Tite ! Tu avais hâte de me revoir ? Moi aussi.

Je l'ai entraînée vers la clairière, en suivant nos chemins secrets. L'été offrait à la montagne une multitude de parfums délicats, des chants d'oiseaux. Je me suis couchée dans l'herbe. Ma renarde s'est allongée près de moi. Sa fourrure était parsemée de boules de bardane qui emmêlaient ses poils. Je les ai ôtées une à une, les doigts enfouis dans son pelage soyeux et dru. Elle se laissait faire, les paupières mi-closes.

Ce fut un moment de tendre complicité, dont je garde précieusement le souvenir.

Mais nous ne restions pas longtemps tranquilles. La forêt était si belle, si vaste...

— Tu viens, on fait la course jusqu'à la coupe de bois !

La renarde m'a suivie, toujours confiante. Les tas de bûches alignés au milieu d'une vaste clairière ne l'ont pas inquiétée. Il y avait aussi un grand cercle de cendres grises. En grattant à l'aide d'une branche morte, j'ai trouvé des braises encore rouges.

— Si je rallumais le feu ?

Elle trottinait, intriguée par l'odeur particulière du foyer.

— N'aie pas peur, Titou... Regarde, je mets des brindilles, de la mousse, du bois... et je souffle !

Des flammes crépitèrent. La renarde guettait chacun de mes gestes. Je riais :

— Approche, ce n'est pas dangereux ! Si on jouait ? C'est l'hiver, il fait très froid, il neige beaucoup. Tu viendrais te réchauffer chez moi. Regarde, Titou, je dessine les murs de notre maison !

J'ai tracé un grand carré dans la terre, autour du feu. Ma renarde a penché la tête, très attentive.

— Voilà ma chaise !

Je me suis assise sur une grosse pierre, après l'avoir traînée près du feu. La renarde refusait d'approcher. Elle me fixait d'un air craintif.

— Je t'en prie, viens...

Mais elle ne comprenait pas. Mon étrange manège devait l'inquiéter, car elle s'éloignait doucement.

Je ne sais pas pourquoi, cela m'a agacée. Elle refusait de jouer avec moi. Je l'ai rattrapée et j'ai noué mon foulard autour de son cou, avec un peu trop d'autorité.

— Viens maintenant ! Tu as un beau collier, cela te va très bien.

Titou s'est décidée à obéir. Elle est entrée dans

ma maison imaginaire. J'ai eu peur qu'elle se sauve, alors j'ai attaché une ficelle au foulard. Je m'en suis servie comme d'une laisse pour la conduire devant ma chaise-pierre, au coin de ma cheminée invisible.

Elle n'avait jamais été traitée ainsi : elle s'est débattue, tirant de toutes ses forces en arrière. Je la croyais définitivement apprivoisée. Je l'ai grondée :

— Arrête tout de suite ! Assis ! Sage !

De plus en plus nerveuse, la renarde n'avait plus qu'une idée : s'échapper. D'un coup de dent, elle a tranché la ficelle. Je l'ai vue filer comme une flèche entre les arbres. Je n'avais pas la conscience tranquille, tout au fond de moi. Et j'étais vexée. J'ai crié, les larmes aux yeux :

— Si tu ne reviens pas tout de suite, je ne suis plus ton amie !

C'était un peu idiot de dire ça. Très en colère, je suis partie à mon tour. Je n'avais plus qu'à rentrer chez moi. Je ne voulais pas m'avouer que j'avais mal agi. Boudeuse, je marchais en tapant du pied. J'avais ramassé un bout de bois en guise de bâton... Je m'en servais pour décapiter les fleurs sur mon passage. La nature m'avait trahie, je la punissais. D'une voix enrouée par le chagrin, je répétais :

— Je n'irai plus dans la forêt, je ne verrai plus jamais les renards ! Demain je resterai à la maison...

9

J'ai tenu parole. Le lendemain, je suis restée à la maison, dans ma chambre. Je tournais un peu en rond : rien ne m'amusait. Je feuilletais mes livres, je contemplais mes dessins, mais je m'ennuyais. J'avais tellement l'habitude de partir dans la montagne, ma besace à l'épaule, que je ne savais plus comment m'occuper. ·

Souvent je jetais un coup d'œil plein de regret par la fenêtre ronde située entre mon lit et une petite table. Le paysage qui s'inscrivait derrière le carreau, je le connaissais par cœur : un bout de prairie, le moutonnement de la forêt sur un pan de montagne, un morceau de ciel. Là-bas, près du vieux hêtre, ma renarde chassait le mulot, entourée de ses trois renardeaux.

— Elle peut m'attendre, je ne viendrai pas...

Pourtant elle me manquait déjà. Toute triste, j'ai sorti ma flûte de la poche de mon pantalon. J'ai commencé à jouer, en déambulant dans la pièce. Je me revoyais, guidant Titou et ses petits le long de la crête ensoleillée. Comme je regardais à nouveau par l'œil-de-bœuf[1], j'ai aperçu une silhouette rousse qui traversait le bas du pré.

— Titou ?

J'ai dévalé l'escalier, partagée entre la joie et l'incrédulité. Ma renarde était bien là, sur le seuil de la maison. Elle avait encore mon foulard autour du cou et le bout de ficelle. Elle m'a fait la fête, exactement comme si nous étions dans la forêt, loin du monde des hommes. J'étais tellement émue... j'en aurais pleuré. Je me suis accroupie pour la prendre dans mes bras, la serrer contre mon cœur. Elle s'est un peu débattue, mais j'ai pu la caresser.

— Alors, tu n'es plus fâchée, Titou ? Si tu savais comme je suis contente ! Heureusement, papa est parti avec le chien, maman a du travail

_____

1. Fenêtre, lucarne à forme arrondie.

au potager... Comme tu es courageuse, d'être venue jusqu'ici, pour moi, pour me retrouver !

C'était de sa part une grande preuve d'attachement, je l'ai compris ensuite. À cette époque, je pensais surtout que ma renarde avait envie de me voir.

— Viens, je vais te faire visiter ma chambre, mon terrier ! Viens, Titou.

J'ai monté l'escalier. Elle flairait le sol, le mur, les boiseries. Pour me suivre, elle s'est décidée à poser une patte sur la première marche. Elle progressait très doucement, raidie par l'appréhension.

— N'aie pas peur, je te dis que c'est mon terrier, tu ne risques rien !

Enfin j'ai pu refermer la porte de ma chambre sur nous deux. J'étais toute joyeuse.

— Regarde, Titou ! Là, c'est mon lit... Et accroché aux poutres, c'est mon hamac... Je dors dedans, parfois... ou je lis...

J'éprouvais une sensation exaltante : ma renarde, que j'avais su apprivoiser, parcourait la pièce où j'avais si souvent rêvé d'elle, de nos rencontres.

— Alors, ça te plaît ?

Elle ne m'écoutait pas. En trottinant, elle était revenue vers la porte. De l'air passait au ras du sol, elle a gratté le plancher à coups de griffes. Je cherchais comment l'amuser.

— On pourrait jouer à cache-cache !

Elle ne m'écoutait toujours pas. D'un bond, elle a sauté sur mon lit, puis sur le bord de la table. De plus en plus vite, elle s'est glissée sous l'armoire avant de bondir encore sur le lit. Cela ressemblait à un jeu.

— D'accord, tu te caches et je dois te trouver...

Je riais en silence, parce qu'elle continuait à sauter partout, même dans mon hamac. Ses griffes se prirent dans une maille. À force de gigoter, elle s'est libérée et elle a dégringolé sur le plancher. Ses allées et venues sont devenues frénétiques.

— Calme-toi ! Qu'est-ce que tu as ?

Elle se jetait contre les meubles, les escaladait, renversait un vase, une pile de livres.

— Arrête ! Calme-toi !

Je n'osais pas crier, de crainte d'attirer l'attention de maman. La renarde s'est immobilisée brusquement. Elle sentait le tissu de la besace, suspendue au dossier de ma chaise. J'ai tendu la main en murmurant :

— Je vais te donner un biscuit, si tu es sage...

Je ne suis pas méfiée, malgré l'éclat farouche de son regard : elle m'a mordue le bras. J'ai poussé un cri de douleur, d'incompréhension. Cela n'a fait qu'empirer les choses. Titou n'existait plus, celle des caresses, des câlins au pied du gros hêtre. Une bête sauvage, folle de terreur, était prisonnière de ma chambre. Elle me faisait peur. Je me suis plaquée contre le mur. Une première fois, la renarde s'est jetée contre la vitre de la lucarne. Elle est retombée en arrière.

— Oh non, je t'en prie, arrête ! Tu vas te faire mal !

Elle a recommencé. Le bruit de sa tête heurtant le carreau était affreux. Tout est allé si vite. La troisième fois, le verre s'est brisé, ma renarde s'est comme envolée par la fenêtre.

C'était une vision de cauchemar. Je refusais d'y croire, mais la vitre était bel et bien cassée. Elle avait fait une chute de quatre mètres au moins...

— Peut-être qu'elle n'est pas morte ?

Malade de peur et de chagrin, je suis descendue en pleurant. Titou gisait sur la terre sèche de la cour, inerte. Du sang coulait parmi les éclats de verre qui scintillaient au soleil.

On ne devait pas la trouver ici. J'allais la ramener dans la forêt. J'agissais dans un état de somnambule. Je l'ai prise dans mes bras, en calant son museau sur mon épaule.

J'avançais sans rien voir de mes sentiers secrets, des fleurs, des arbres. Je sanglotais, désespérée. Arrivée devant le terrier, j'ai déposée délicatement la renarde sur le sol. Notre histoire ne pouvait pas se terminer comme ça. Pourtant elle ne bougeait plus. Rien. Pas un frémissement de vie. À genoux près d'elle, je l'ai caressée en lui parlant tout bas :

— Je t'en supplie, renarde, réveille-toi ! Ne m'abandonne pas ! Tu ne peux pas mourir... en plus, à cause de moi... Je t'en prie, qu'est-ce que je ferai, sans toi ? Je t'en prie, réveille-toi. Je ne t'attacherai plus jamais, je ne jouerai pas avec toi, ou alors, tu choisiras les jeux... On ira chasser les grenouilles, ou les mulots... tu ne seras plus obligée de venir me chercher à la maison, ça c'est promis ! C'est moi qui viendrai dans la forêt, sous notre hêtre, même s'il gèle, même s'il neige... Je t'en supplie, réveille-toi.

Les renardeaux sont sortis du terrier ; ils avaient dû entendre ma voix. Tout de suite, ils ont senti le corps de leur mère. Ils la croyaient endormie... Comme les autres jours, ils se sont mis à jouer, lui mordillant l'oreille. L'un d'eux a tiré sur mon foulard. Cela m'a brisé le cœur davantage.

— J'ai tout gâché, avec ce sale bout de tissu !

J'ai dénoué le foulard pour l'enfouir au fond de ma poche. Ensuite je me suis enfuie en pleurant encore plus fort.

Je n'avais pas le cœur de revenir à la maison. Je marchais à la lisière du bois, longeant la clairière inondée d'une vive lumière. Ma renarde était morte...

Tout à coup les renardeaux ont surgi devant moi. Ils m'ont fait la fête, en poussant de petits cris, en se tortillant. Je suis tombée à genoux pour mieux les cajoler. Ils étaient orphelins. Dans le monde sauvage, cela signifie souvent être condamnés. Les loups les mangeraient ou l'aigle de la crête. À cause de moi...

Un des petits s'est tourné vers le sommet de la colline. La renarde était assise là-haut. Sa silhouette se découpait sur le ciel gris de nuages. Elle se léchait la patte.

— Titou ?

Je crois n'avoir jamais éprouvé un tel soulagement, un tel bonheur. Elle était vivante. Je me suis vite levée et j'ai gravi l'éboulis de galets pour la rejoindre.

— Ma Titou ! Je suis si contente...

Je souriais, très émue. Tout recommencerait. Je la caresserais tant qu'elle oublierait les instants de panique dans ma chambre, la chute par la fenêtre, le jeu de la laisse et du collier.

Elle m'a fixée intensément. Son regard doré me posait tant de questions, comme ce jour d'automne où je l'avais vue pour la première fois.

J'ai tendu la main doucement. La renarde s'est éloignée aussitôt, sans se retourner. Je ne l'ai pas rappelée, je ne l'ai pas suivie. Emplie de tristesse, je lui ai tourné le dos moi aussi et je suis partie dans la direction opposée à la forêt.

J'avais lu dans ses yeux la fin de notre merveilleuse amitié.

Le cœur lourd, j'ai sorti le foulard de ma poche. Je me souvenais de l'instant précis où le charme s'était rompu. La coupe de bois, le grand cercle de cendres tièdes, ma maison imaginaire...

— Je n'aurais pas dû... Tout serait encore comme avant !

Le foulard flottait au bout de mes doigts. Je l'ai lâché près du gros hêtre de la rencontre. Mon chagrin s'est envolé avec lui. Ma renarde avait retrouvé sa liberté. Elle pouvait chasser les mulots, se coucher dans les profondeurs de la caverne, veiller sur ses petits, je ne l'entraînerai plus vers le monde des hommes. Plus jamais...

Épilogue

La jeune femme tourne la tête vers l'œil-de-bœuf. Comme des années auparavant, elle aperçoit la cime des sapins, le ciel rose du crépuscule.

— Voilà, tu connais l'histoire de ma renarde, maintenant... J'avais ton âge à cette époque.

Un garçon de dix ans, assis dans son lit, regarde lui aussi la petite fenêtre. Tout bas, il demande :

— Maman, pourquoi tu es partie, le jour où elle était blessée, Titou ? Tu aurais dû la suivre, la rattraper...

— J'ai senti qu'il ne fallait pas. Je lui avais fait du mal en l'habituant à moi, à ma voix, à mon odeur. Je l'avais trahie avec ce jeu idiot de l'atta-

cher. Elle aurait pu mourir en tombant de la fenêtre. C'était une bête sauvage qui avait accepté ma
présence. Elle avait confiance en moi et j'ai voulu
lui donner des ordres, la faire obéir. J'étais allée
trop loin. Je le regrette encore...

— Mais tu l'aimais ? demande le garçon.

— Bien sûr que je l'aimais ! C'était un vrai
bonheur de partir à sa rencontre. Je n'étais jamais
sûre de la revoir, alors je courais, pleine d'espoir.
Si elle ne venait pas, je la cherchais dans la forêt,
au bord de la rivière.

L'enfant hoche la tête. Sa mère lui caresse le
front.

— Et tu ne l'as pas revue, ta renarde ?
demande le petit garçon.

— Si, très souvent ! Je n'ai pas pu m'empêcher
de retourner près de notre hêtre, de l'appeler.
Je l'apercevais assez facilement, puisque je
connaissais l'emplacement de son terrier, les prés
où elle chassait. Parfois elle me répondait, mais
elle ne m'approchait pas. À la fin de l'été, elle a
disparu pour de bon.

La jeune femme a la gorge serrée. Le temps
s'est aboli. Elle éprouve la même émotion que
jadis, en songeant à sa renarde. Elle regarde à

nouveau par la fenêtre. La nuit tombe sur la montagne.

— Mais pourquoi ? Tu aurais pu rester son amie..., chuchote l'enfant.

— Peut-être que c'était impossible, justement, que nous restions amies, peut-être qu'elle a préféré ne plus me voir, ne plus entendre ma voix. Elle voulait oublier mon odeur, mes caresses... Je n'ai pas la réponse, même aujourd'hui. Peut-être tout simplement qu'elle a choisi de vivre dans un autre territoire, très loin d'ici.

— Ne sois pas triste, maman. Moi, je suis sûr qu'elle t'aimait, ta renarde !

— Tu crois ? Je ne sais pas si les renards peuvent aimer comme nous... Comme je t'aime... et c'est parce que je t'aime très fort que je t'ai confié mes secrets de petite fille. Et puis ce soir, je t'ai donné mon sifflet, ma flûte magique ! Elle a le pouvoir de charmer les renards... Garde-la précieusement... Il faut dormir maintenant.

Le petit garçon se recouche. La jeune femme le borde, l'embrasse sur la joue. Avant de quitter la chambre, elle éteint la lampe. Du seuil de la pièce, elle regarde encore une fois la lucarne obscurcie, puis elle contemple son fils dans la pénombre.

L'enfant sort la flûte en bois de frêne, qu'il avait

cachée sous son oreiller. Il se met à jouer quelques notes simples et douces. Sa mère referme doucement la porte, avec un sourire rêveur. Une flèche rousse court parmi l'herbe, sur le fil de ses souvenirs.

« Pour l'éditeur, le principe est d'utiliser des papiers composés de fibres natu-
relles, renouvelables, recyclables et fabriquées à partir de bois issus de forêts qui
adoptent un système d'aménagement durable. En outre, l'éditeur attend de ses
fournisseurs de papier qu'ils s'inscrivent dans une démarche de certification
environnementale reconnue. »

Composition PCA - 44400 Rezé

Achevé d'imprimer en Espagne par LIBERDUPLEX
Sant Llorenç d'Hortons (08791)
32.10.2481.3/01 - ISBN : 978-2-01-322481-9
Loi n° 49-956 du 16 juillet 1949 sur les publications destinées à la jeunesse
Dépôt légal : octobre 2008